節電しながら猛暑を乗り切る！

エコ涼生活

エコロジカルアドバイザー
嶽 春来

北辰堂出版

はじめに

２０１１年の春。

東日本を襲った未曾有の大震災を境に、日本では昨日まで当たり前だったさまざまなことが当たり前ではなくなりました。

数え上げたらキリがありませんが、電力供給を含む電気の問題もその一つといえるでしょう。

それでなくても近年猛暑でアップアップしていた日本。

これから先どうなってしまうのか不安は募るばかりです。

でも、嘆いたところで電力不足が解消するわけでもなし、また、愚痴ったとしても日光は容赦なく照りつけて来ます。

それならば……？

涼しい風が吹き渡る高原の別荘で一夏過ごしてみますか？

それとも、この際日本を脱出して、秋になるまで海外で暮らしてみますか？

いっそのこと開き直って「心頭を滅却すれば火もまた涼し」を実践してみますか？

……どれも有効な手段かもしれませんがあまり現実味はありません。

ならば少しでも暑さを和らげるにはどうすれば良いのでしょうか？

節電をしつつ涼しくなるという、都合の良い方法なんてものはないのでしょうか？

正直なところ、あまりお金は掛けたくない……これは誰しもが抱く思いではないでしょうか。

そんな日常の中で、手軽にできて、なおかつ効果的という、「都合の良い」方法を色々と集めてみました。

本書ではできるだけ手軽に、簡単に、を念頭に置いて、なるべく家にあるもので始められる暑さ対策をご紹介します。思い立ったその日から、まさに今日、この瞬間から実践してみて下さい。

あなたも是非エコで涼しい「エコ涼生活」を始めましょう。

嶽　春来

節電しながら猛暑を乗り切る！ エコ涼生活 もくじ

03 **はじめに**

09 **第一章　エアコンを使わずに涼しくなろう！**
とにかく手軽に！　うちわであおごう／冷却剤を賢く使う／意外と使える濡れタオル／外出時の強い味方　日傘／水で足を洗う／扇風機をより効率良く使う／江戸の町に学ぶ涼の取り方　行水／暑さ対策に用意しておきたいアイテム　ミント／ハッカ油を賢く利用する／ハッカ油をバスタイムに活用／屋外でハッカ油を使うには／汗をかく大切さとメカニズム／体の中も夏仕度を！

38 コラム　タヒチアンの暑さ対策

39 **第二章　涼しくなるための環境を整えよう！**
風通しの良い快適な空間を作る／風を通すテクニック／江戸の知恵に学ぶ　打ち水／ペットボトル氷の有効利用／日光を部屋に入れない／窓に

日光を当てない／緑のカーテン／窓の素材を替える／窓を断熱仕様に替える／室内に緑を置く／照明電球を替える

62 コラム　フランス流・夏の楽しみ方

63 **第三章　今日から実践エコ涼生活**

インテリアを替える／日中を家で楽に過ごす／外出対策／熱帯夜を乗り切るために／オフィスでの暑さ対策

81 **第四章　猛暑に負けないために**

水分補給をしっかりと行う／水分と共に失われる電解質／熱中症を知ろう／熱中症予防のために／熱中症の応急処置

第一章

エアコンを使わずに涼しくなろう！

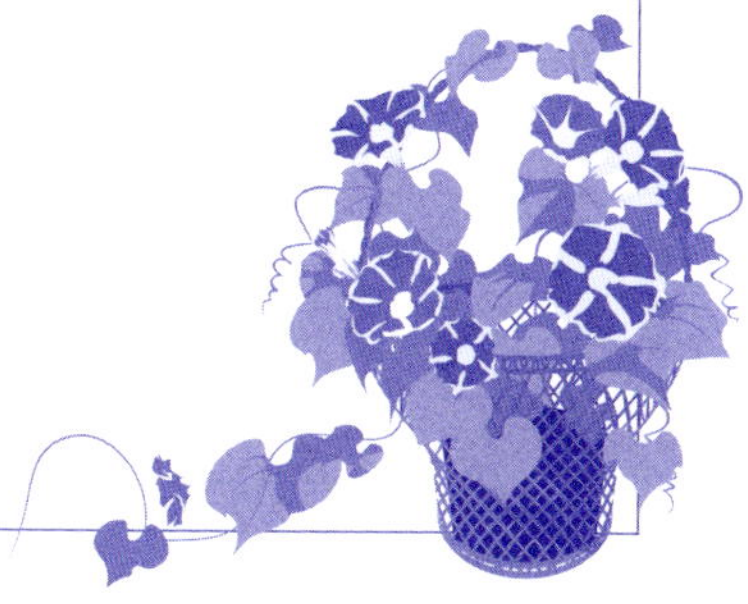

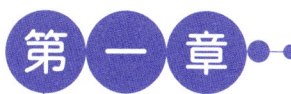

とにかく手軽に！うちわであおごう

一刻も早く涼しくなりたい時、人は「あおぐ」という行動に出ます。

それが手元の書類だったり、学生さんなら下敷きだったり、何も手元にないときは、手のひらでなんとかあおいでみたり……と、そんな経験は誰しも持っているものでしょう。

もちろんそのための専門のアイテムもあります。日本で代表的なものといえば、うちわが真っ先に挙げられるのではないでしょうか。

もともとうちわは高貴な人物が顔を隠すために使用したとされています。その歴史は古く、起源は古墳時代にまで遡ります。

古代中国や古代エジプトでも使用されていたうちわは日本にも渡っています。弥生時代の木製品からその原型をうかがい知

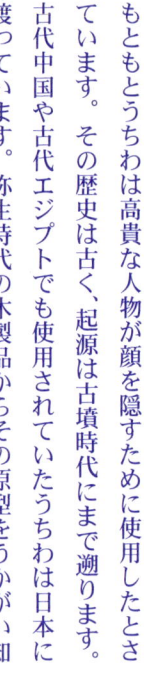

ることができます。当時は涼を得るためのアイテムというよりも祭祀に使用されていたことが多かったようです。

現在の形の原型ともいえるものになったのは、室町時代末の話ですが、当時は表面が漆塗りなどで加工された高級なもので、まだまだ庶民のものではありませんでした。ちなみに武家同士の戦の中で使用された軍配も、うちわの一種です。

その後江戸時代になると、うちわは庶民にも浸透してゆきます。素材に竹や紙を使い、同じ時代の木版画の技術向上と相まって、美しい柄のうちわが庶民に使われるようになりました。

現在ではプラスチックを使用して多くの企業が広告の代わりにうちわを作成しています。このため、うちわは買うというよりももらう方が主になっているのではないでしょうか。

しかしながら、昔ながらの竹の骨を用いたうちわは風の起こりが柔らかく、肌に感じる涼も優しいといいます。また、近年ではパソコンなどを用いてオリジナルうちわを作成することもできるようです。この夏、あなたのお気に入りうちわをひとつ、用意してみてはいかがでしょうか。

冷却材を賢く使う

節電ともなれば、電力を大量に消費するエアコンの使用を真っ先に控えるという人が多くなるでしょう。

しかし、日本の夏は暑いです。それも普通の暑さではなく高い湿度を伴ってきます。

ただ暑いだけなら日陰で風を当てれば体感的には楽になりますが、そこに湿度が加わると、体中にぬるい湿気がまとわりついて、まるで体温までもが上昇しているのではないかとの錯覚さえ起こします。

ではこの蒸し暑さを電力を抑えつつ乗り切るには、何をどう使用すれば良いのでしょうか。

手近なものとしては「アイスノン」に代表される冷却材が挙げられます。いわゆる「氷まくら」や「氷嚢」のたぐいです。

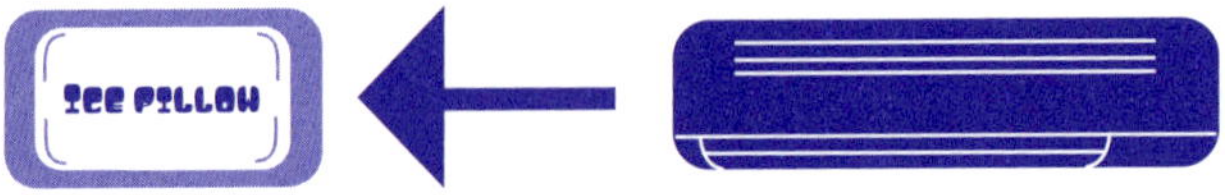

これらのアイテムは発熱時にしか使わないイメージが強いですが、使用方法によってはエアコンに代わる節電アイテムになります。

枕の上に置いて頭の熱を冷ませば、寝苦しい夜も快適に眠ることができるし、日中のデスクワークでは手首の下に置くと、体の熱を冷ますことができます。これは手首に通る動脈を冷やし、血液の温度を下げることで、体内に篭った熱を逃がし、涼しくなるというもの。手首だけではなく、動脈が通っている場所ならどこでも冷やせば使える手段なのでぜひ覚えておきましょう。ただし、腹部や腰は冷やすと内臓や筋肉を冷やしてしまうことがあります。冷やす場所によっては体調不良を引き起こす可能性もあるので注意したいものです。

アイテムの扱いも、冷凍庫で冷やしておけばいいだけなので、非常に簡単。二つ用意して交互に使用すると良いでしょう。

バリエーションも豊富で、冷やすと氷のように固まるタイプや長時間冷たさを保てるタイプ、首に巻けるタイプ等々。用途に合わせて使い分けましょう。

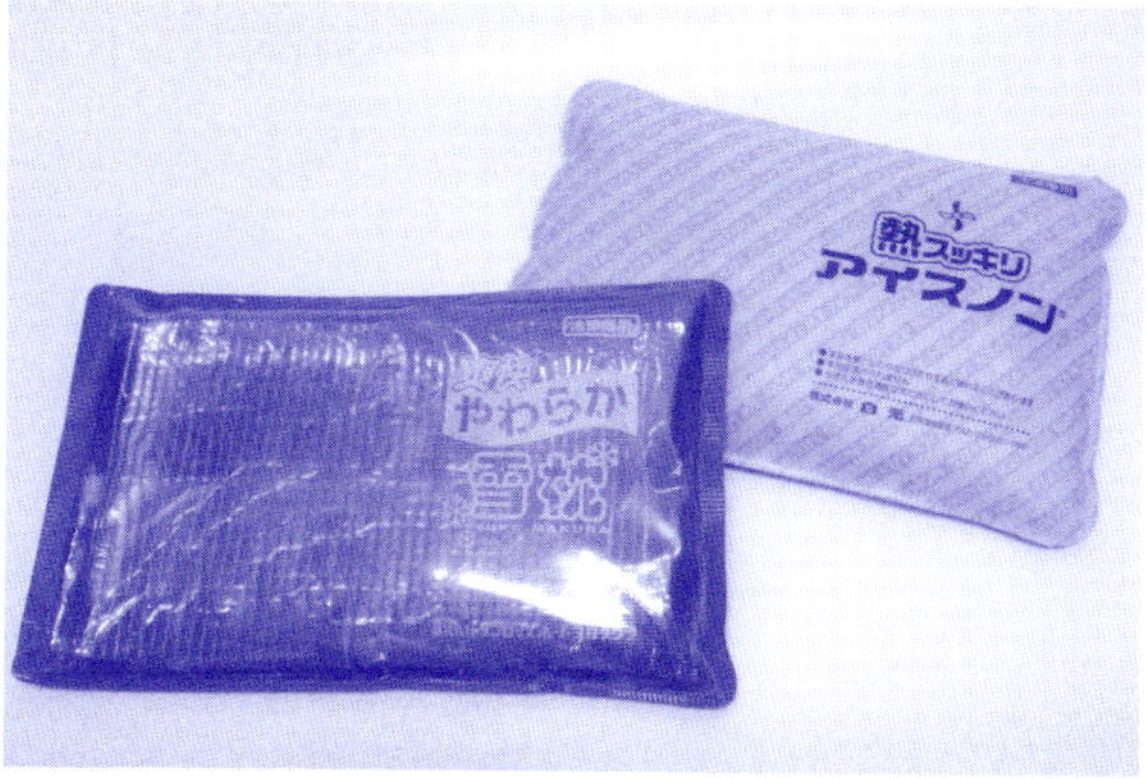

意外と使える濡れタオル

汗をかくということは体温を下げるための効率の良い生理現象ですが、その汗を放っておくと、汗の成分に含まれる塩分の影響で体がべたついたり、肌が弱い人に至ってはかぶれたりもします。

このため、汗をかいたあとは早めに拭き取ることが重要です。汗で油分が浮き上がった肌は、濡らしたタオルで拭くと全身がさっぱりするだけでなく、気化熱による作用で涼しくなります。

気化熱とは、液体が気体になる際、周囲から熱を奪う現象のこと。つまり、体を濡らせば、皮膚に付着した水滴が蒸発する際に体の熱を奪っていってくれるということです。

発汗は、汗で皮膚を濡らすことによって体温を下げようとす

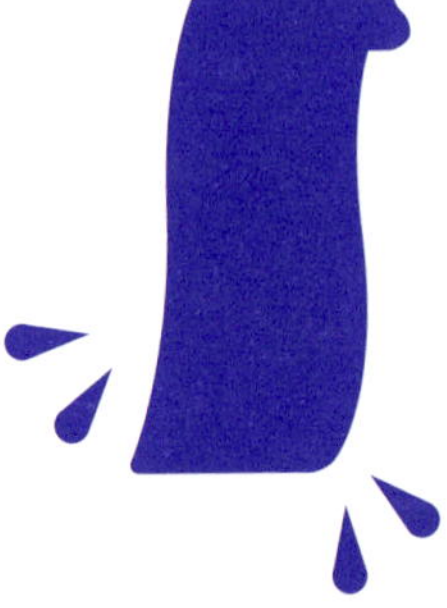

る働きがありますが、これも気化熱によって引き起こされます。それと同じことを濡れタオルで促せば、体に篭もる熱は気化熱によって下がることになります。

また、汗をかいたままの肌はべたつくと同時に非常に感覚が鈍ります。涼しい空気を受けても、それを感じ取ることができなくなります。

このため、汗が蒸発したらすぐに拭き取り、常に肌をさらさらの状態に保つのがベスト。汗をそのまま放置すると雑菌の温床になり、体臭の原因ともなります。

肌は市販の汗拭きシートなどで拭くのが手軽です。メンソール系の成分も含まれているので、拭いた後の清涼感は体に心地よさを与えてくれるでしょう。

それらの成分が苦手な人は、濡らしたハンドタオルと保冷剤を密閉ファスナー付きのビニール袋に入れて持ち歩くと便利です。

また、タオルを濡らす際に好きな香りの香水やハッカ油などを染み込ませておくのも良いでしょう。

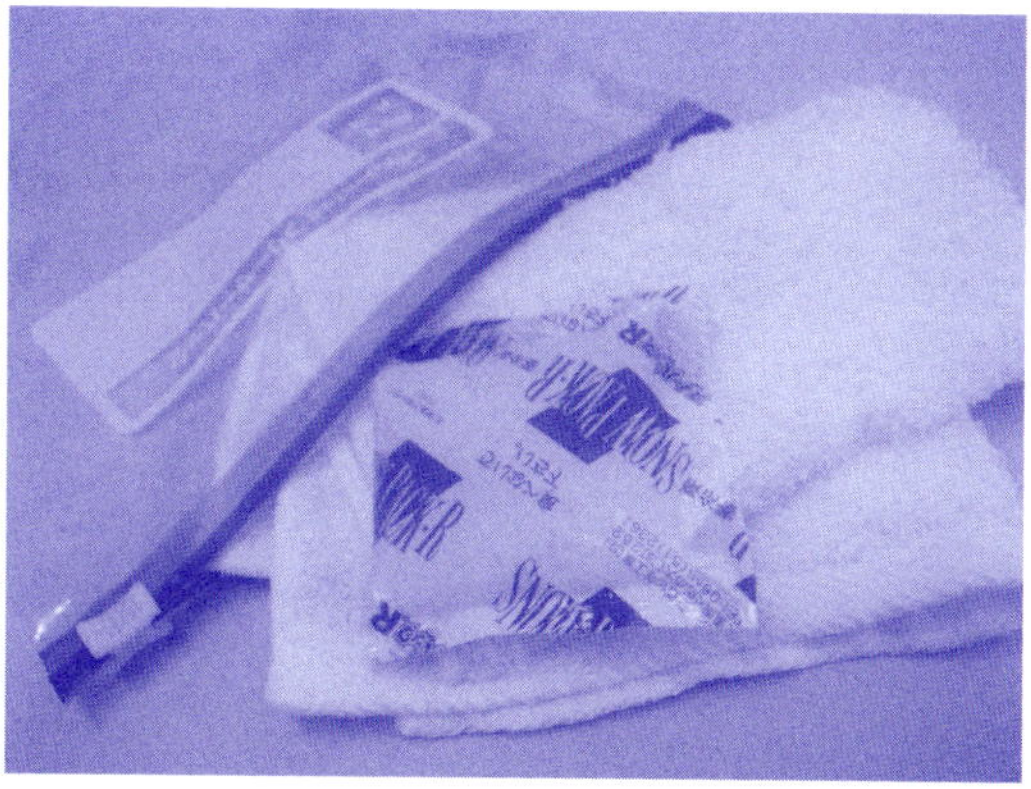

外出時の強い味方　日傘

外出時の日差しが痛いと感じたことはありませんか？

これは日光に含まれる強烈な紫外線が肌を焼いているから。

いわゆる「日焼け」という現象によるものです。

このまま放っておくと皮膚は赤くなり、火傷と同じ状態になります。本当に肌が焼けているのです。

過度の日焼けは発熱や水ぶくれを引き起こします。さらに悪化すると皮膚ガンのリスクも増加しますので、日焼けはできる限り抑えたいものです。

日差しを抑えるアイテムとしては日傘が代表格と言えます。刺繍やレースで飾られたかわいいものもありますが、近年では女性用だけではなく男性も使用できるシンプルなデザインのものもあるようです。

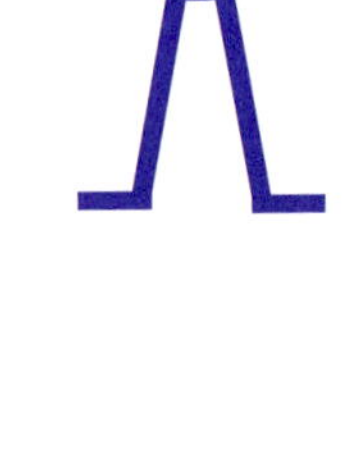

また、最近口コミで人気が出てきているのがシルバーコーティングの日傘です。

この日傘は表面が遮光性・遮熱性に優れた銀色の生地でできているため、普通の日傘よりも熱を反射し、影になる部分の温度を普通の日傘よりも約5℃も低く保つのです。

その効果は実際に差して歩くだけでも感じます。普通の日傘が日差しを和らげる程度の効果だとすると、シルバーコーティングの日傘は完全に日陰の中を歩いている気分です。

また、傘の色による違いもはっきりと感じられます。黒い日傘は日差しを遮り、黒い影を作りますが、熱の吸収が高いため、傘の内側に暖かい空気が篭もります。白い日傘だと影が薄く、弱い日差しを浴びているような気分です。シルバーコーティングの傘はそれらの欠点を補っているのです。

価格も1000円前後とお手軽な上、晴雨兼用という点も嬉しいところと言えます。折り畳みタイプや軽量のものもありますので、この夏は是非1本鞄に入れてお出掛け下さい。

水で足を洗う

紀元前の昔から人々は旅先から帰ると足を洗う習慣がありました。たらいに水を汲み、そこに足首まで浸かって足を洗います。その光景は時代劇などでも見られますが、海外でも名画「弟子の足を洗うキリスト」にその様子を見ることができます。

足を洗うという行為は、夏場には体を冷やすことにも一役買っています。

帰宅時、足の裏には汗が多くしみ出しています。しかも、それらの汗は逃げ場がなく、そのまま汚れとなってこびりついているのです。これらを水で洗い流すことで、足の裏は清潔に保たれ、新しい汗の分泌を促すようになります。足を洗うだけですっきりするのはこのためです。

また、足首には太い動脈があり、足先にまで絶えず新鮮な血

液を送り続けています。この動脈を冷やせば、血液は冷やされた状態で末端まで行き渡ることになり、効率良く体を冷やすことができるのです。

方法としては、たらいや洗面器に水を張り、足首までそこに浸かるだけ。くるぶしから下や土踏まずを冷やすと良いのですが、長時間浸かりすぎると逆に足が火照ってしまいます。これは「冷点」という冷たさを感じる部分が刺激されて本能的に冷えをガードする機能が働き、体温が上昇し始めてしまうからです。

このため、水に浸かる時間は10分ほどで様子を見て下さい。手軽な方法としては足用冷却シートを土踏まずに貼ったり、凍らせたペットボトルや保冷剤を足首に当てるものもありますが、これらも長時間行うと、逆に体温の上昇を招きますので、体が温まるような気がしたら冷やすのをやめ体を楽にします。

また、足の裏のみが熱く火照っている時はエアコンなどによる体の冷えすぎが原因となっている場合があります。この場合は足や体を冷やさず、温かい飲物などで体内を暖めて下さい。

扇風機をより効率良く使う

汗をかいた時、ふと通り抜けた風を受けて「ああ、いい風だ」と呟いたことはありませんか？

これは汗をかいた肌の表面を風が抜けることによって起きた気化熱現象を体が感じ取ったからです。

これと同じことを人工的に起こせば、簡単に涼しさを得ることができます。

先ほど紹介した「濡れタオルで体を拭く」という方法でも得ることができますが、より効果的な方法としてはスプレーボトルで体に水滴を吹きかけ、扇風機などで風を当てるという手段が手軽でおすすめです。要するに人工的に汗をかいた状態を作り出せば良いのです。

吹きかけは体から30㎝ほど離した状態で行います。肌に近す

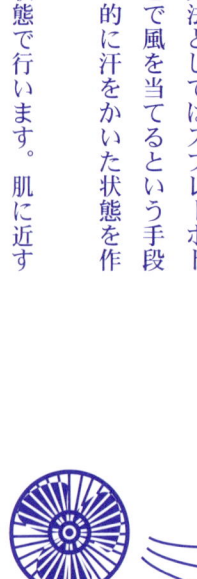

ぎる状態でスプレーすると、水の粒が大きくなって流れてしまうので、しっとりと濡れる程度で抑えましょう。

そして、そこに風を当てれば、気化熱作用で約5℃ほど体感温度が下がります。

最近ではさらに涼しく感じられるようにメンソール系の液体を肌に吹きかけられるよう商品化した物や、ハンディタイプの扇風機にスプレーボトルが共についている物など、外出時でも使用できる商品が豊富に揃っています。

また、氷の入ったバケツを扇風機の前に置くだけでも涼しい風を作ることができます。これは扇風機の風がバケツの前を通るときに冷たい風も一緒に運んでくれるため。同じように涼しい空気を作り出すには、扇風機の前にハンガーなどで濡らしたタオルを吊り下げておくというものもあります。

これらをうまく活用して、室内でも外出時でも涼しさを得られるよう工夫してみましょう。

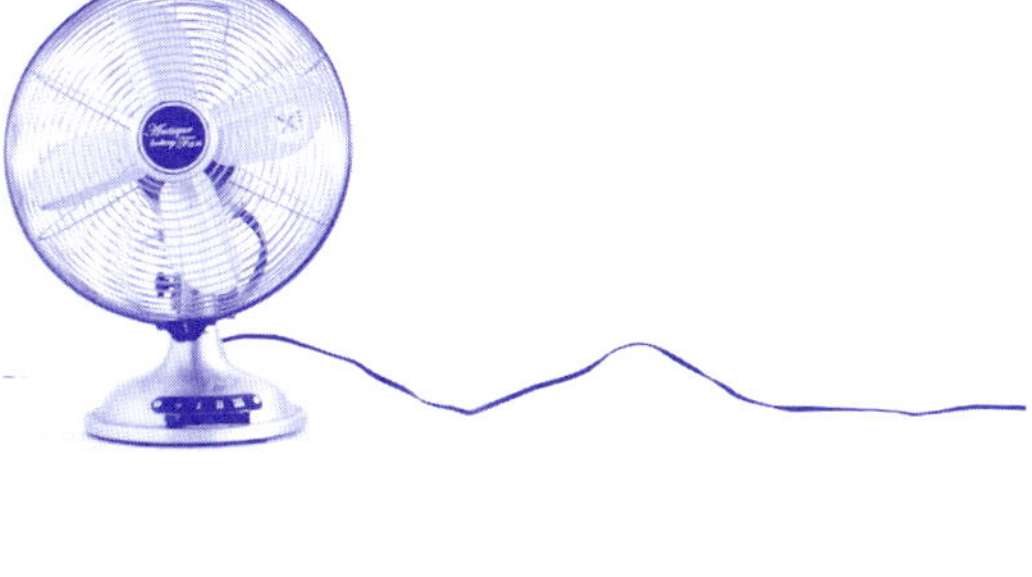

江戸の町に学ぶ涼の取り方

行水

花のお江戸の八百八町。今から４００年前に栄え始めた江戸の町も、夏はうだるような暑さが続いたといいます。

現代に比べればコンクリートの照り返しも、室外機から出る機械の熱もありませんが、代わりに江戸の町にはエアコンもありません。

冷蔵庫・冷凍庫もない当時は氷も貴重品として扱われ、江戸では一部の大名や将軍家しか使うことは許されませんでした。そんなものが庶民の手に入るはずがありません（豪雪地帯では冬の時期にできた氷を貯蔵できる氷室があったため、庶民でも比較的安価で手に入れられたようではありますが）。

そんな江戸庶民の涼の取り方といえば、代表格は「行水」です。江戸の町では頻繁に大火事が発生するため、防火の観点から

庶民が家に風呂を持つことは禁じられていました。このため、人々は銭湯で入浴するか、たらいに湯を張って軽く汗を流すようにしていました。当時の浮世絵でも庭で行水する人々の様子はモチーフとしてよく使用されています。

現代においては自宅に浴室がある人が多いと思いますのでわざわざたらいで行水する必要はありませんが、浴槽に水を張り、足湯の要領でふくらはぎまでを冷やすだけでも大きな効果があります。

もちろん冷たく感じない程度の水温で水浴びをするのも有効。汗をかくことで皮膚の表面に浮き出した油分を流したり、体の内側に篭もった熱を冷まし、自分自身の熱を下げることで、涼しさを得ることができるようになるのです。

行水は停電時にも役立つ方法です。湯船に水を張っておけば気が向いたときにすぐに足だけ冷やすことも可能ですし、万が一断水した際にも防火用水として利用できます。

暑さ対策に用意しておきたいアイテム

ミント

暑さを和らげる手段として、緑のカーテンや食べ物などで植物や野菜を利用する方法がいくつかありますが、ここではミントを育てて利用する方法をご紹介しましょう。

ハーブの一種であるミントはスーパーの野菜コーナーでも見掛けることがありますが、実は非常に強健な植物でもあります。

苗を一株植えておけばぐんぐんと葉を伸ばし、大きくなります。この抜群の成長力のため、地植えにするとあっという間に大株になってしまい、「ミントは絶対に鉢で育てろ」とさえ言われているほどです。この成長力旺盛のミントの葉は、もちろん料理にも利用できますが、天日で乾燥させて使い捨てのだしパックなどに詰めて湯船に浮かべると、ミント風呂として楽しむこともできます。

また、さらに便利なアイテムとして、「ハッカ油」もご紹介しましょう。

ハッカ油とは、ハッカの葉から作った精油のことで、ここからさらに精製されるメントールは歯磨き粉・ガム・お菓子などに使用されています。特に北海道の名産品ともなっているハッカ油は穏やかな香りながら高いメントール効果を持ち、高い人気を誇っています。

一般向けに販売されているのは、小瓶入りのもので1000円前後。やや割高に感じますが、この一瓶で夏の間は余裕を持って使用できます。お茶に一滴垂らすとミントティーとしても楽しめますので、食用として利用できるものを選ぶと良いでしょう。

他にも代表的な使用例としては数滴を肌に直接塗り込んだりタオルやおしぼりに染み込ませたり……また、虫除けとしても使用できる点は、夏には非常に重要です。

一般にはあまり馴染みのない商品ですが、さまざまな用途に応用が利きます。今夏はぜひご用意下さい。

http://www.s-hoshino.com/

ハッカ油を賢く利用する

色々な使い道があるハッカ油。中でも夏ならではの方法を見てみましょう。

ハッカ油は肌に直接使う場合には原液のままでは効力が強すぎるため、希釈して使用します。最も簡単な方法はスプレーボトルに水を入れ、その中に数滴ハッカ油を混ぜるというもの。このスプレーを肌にかけると、爽快な香りと共にメントール効果で体感温度がぐっと下がります。また、スプレーによる気化熱作用によって実際の肌の温度も下がるのです。

つまり、前述の扇風機とスプレーボトルによって得られる気化熱作用の清涼感に加え、ハッカ油の清涼感も加わって体感温度が下がるということです。

さらにハッカ油の良いところは、スプレーを体に掛けてから

扇風機にあたっても、水のみの場合と違って体を冷やしすぎることがないというところ。ハッカ油には涼しさを感じるメントール効果がありますが、これは体感温度を下げるだけで実際に体温を下げる訳ではありません。加えて油の効果で逆に保温されるため、体を冷やしすぎることはないのです。もちろん、扇風機の風に長時間あたりすぎると内臓を冷やす原因となりますが、ただ水を吹きかけるよりも効果は断然長持ちします。

女性の場合はスキンローションのボトルに数滴混ぜて使用すると、肌にも優しいハッカ美容水ができます。

ただ、水と油では完全に混ざりませんので、無水エタノール（あるいはウォッカなどの純度の高いアルコール）をハッカ油と同等ほど入れて乳化（乳化作用が起こると白濁します）させてからスキンローションと混ぜると良いでしょう。

しかし、水などを混ぜ合わせると変色・変質が起こりやすくなり、長期間の保存は難しくなります。スプレーボトルはなるべく小さい物を選び、数日で使い切って、その都度新しいハッカ水を作るようにしましょう。

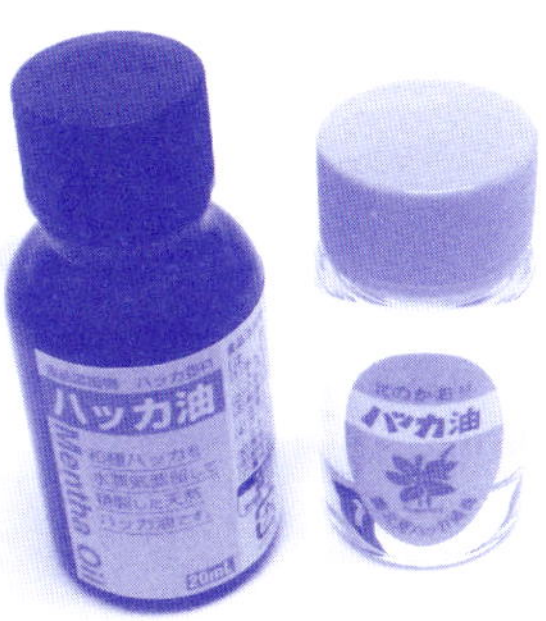

ハッカ油をバスタイムに活用

暑い時期はお風呂もシャワーのみで過ごしてしまう人も多いのではないでしょうか。

こんな暑さで湯船に浸かりたくない！　という気持ちも分かりますが、体の代謝を上げ、汗をかきやすい体づくりを目指すなら、毎日湯船に浸かるようにしましょう。

とはいうものの、湯上がりの暑さでどっと汗をかいてしまうと、何のために入浴したのか分からなくなりますよね。

この湯上がり時の不快感を和らげる時にもハッカ油は活躍します。

使用するハッカ油の量は4～5滴ほど。ただ湯船に垂らして混ぜるだけでクール系の入浴剤と同等の効果が得られます。

前項で紹介したミントの葉を乾燥させて入浴剤として使用す

る方法でも同じように湯上がりに涼しさを得られますが、手軽さと他への使い回しの良さを考えるとハッカ油を使用した方が良いでしょう。

また、頭を洗う際にシャンプーにほんの一滴混ぜ込んで使用すると、頭皮が刺激されて涼しくなりますが、あまり入れると痛みを感じるほど効果が出てしまいますので、混ぜすぎには充分注意して下さい。

また、風呂上がりのお肌のお手入れには、ベビーオイルにハッカ油を数滴入れたものを用意しておくと便利です。ハッカ油を直接肌に塗るよりも刺激が少なく、汗の塩分や紫外線で疲れた肌をしっとりと労る効果も期待できます。もちろんハッカ油特有のメントール効果も健在です。

ハッカ油の刺激は非常に強いものです。直接肌に塗ると量によっては苦痛を感じるほど効いてしまうこともあるので、スキンローションにしろ、ベビーオイルにしろ、他のものと混ぜて使用するのが肌に優しい方法だと言えます。

屋外でハッカ油を使うには

さまざまな使い方ができるハッカ油は、もちろん屋外でも活躍します。

その清涼感を活かしたいなら、出掛ける際に帽子の内側へくるりと一周ハッカ油を塗りましょう。

涼しくなるのはもちろんのこと、ハッカ油の持つ殺菌作用で帽子の中の雑菌が繁殖するのを防ぎ、同時に悪臭の発生も防ぎます。

また、涼感グッズとして販売されている水に濡らして使用するバンダナも、使用の際に2滴ほど染み込ませておくと香りも良く、メントール効果で涼しさもアップします。

さらに、前項で紹介した濡れタオルをジッパー付きのビニール袋で持ち歩く方法でも、ハッカ油を併せて使用すれば、タオ

ルの雑菌を防ぐ役割も果たします。

そしてもう一つ。ハッカ油を数滴加えた水を小さなスプレーボトルに入れて持ち歩けば、肌がべたつく際には吹きかけて拭き取ったり、気化熱作用で肌の表面温度を下げることもできます。同時に殺菌と消臭作用でデオドランド効果を狙えます。

このスプレーボトルで特筆すべきは虫に対しての忌避効果があるということ。

ハッカ油の独特な香りは、実は虫が嫌うものなのです。このためカやハチだけでなく、市販の虫除けが効きづらいアブやブヨにも効果があります。

夏休みを利用して山や森などに出掛ける人も多いかと思います。ハッカ油は節電対策としてのアイテムだけに留まらず、アウトドアでのレジャーなどでも大いに活用できる頼もしい一品なのです。

汗をかく大切さとメカニズム

人間が体温調節をするにあたって、「汗をかく」というものがあります。

人間の体温は常に36℃前後で保たれています。これは暑い時でも寒い時でも変わりません。

特に暑いときは少しの運動量でも体温はすぐに上昇してしまうのですが、それを平熱に戻すのが汗の役目です。

健康な人が夏の炎天下で10分ほど歩くと、約１００㎖ほどの汗をかきます。この汗は肌の上で蒸発してゆきますが、この蒸発現象を起こす際に周囲の熱を奪ってゆくのです。これが「気化熱現象」と呼ばれるものです。

つまり、人間は汗をかくことで上がりすぎた体温を下げることができるのです。

この生理現象は外部の温度に左右されない恒温動物ならではのもの。人間はこの方法で体温を常に36℃台に保っているため、逆に汗をかくことができないと、命の危険に及ぶ可能性もあります。

近年、汗をかくことを嫌ってエアコンのついた環境に居続けたり、水分摂取を控える人が急増しているようですが、これは非常に危険な状態なのです。

汗をかけない体になってしまうと、外部から受けた熱はそのまま体内に留まり、体温は平熱よりも大幅に高くなってゆきます。本来ならばここで汗をかきはじめ、気化熱現象により体内に篭もった熱を下げてゆくのですが、汗をかくことができないと、熱はいつまでも体内に留まったままです。これが熱中症を引き起こす最大の原因となります。

このため、普段から汗をかくことができる体作りを心掛ける必要があります。

このことが、夏の暑さを効率よく乗り切る有効な手段となるのです。

では具体的に「汗をかきやすい体」とはどういうものでしょうか。

汗をかきやすい体とは、「代謝の良い体」のこと、つまり、体内の栄養素や脂肪を燃焼しやすい体のことです。

汗をなかなかかけない人や冷え性の人は総じて「代謝の悪い体」であるといえます。

運動不足の人によく見られる体質ですが、これらは半身浴や軽いストレッチで徐々に解消することができます。

完全に解消するには夏本番となる前からの準備が必要ですが、「自分は汗をかきづらい」と自覚している人は、思い立ったその日からすぐに体質改善を心掛けましょう。

⁝⁝⁝血行を良くするストレッチ⁝⁝⁝

①

肘を床につけ軽く上体を持ち上げ、足を上げて膝を90度に曲げる。

②

息を吐きながら膝を伸ばし15秒停止。
この時に息を止めないこと。

③

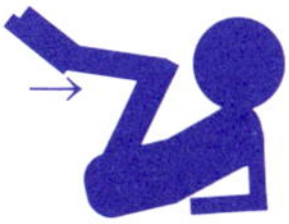

ゆっくりと膝を体に引き寄せて15秒停止。
これを3セットおこなう。

①

手のひらを床につけて手足を伸ばす。

②

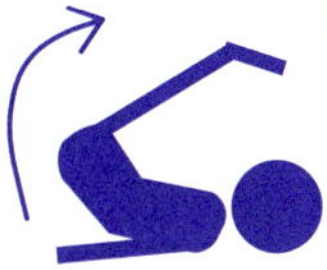

腰から下半身を持ち上げ足を伸ばしたまま頭の方へ倒す。勢いをつけると腰に負担がかかるので注意。

③

息をしながらゆっくりと元にもどす。
これを3セットおこなう。

①

座った体勢で左腕を上に伸ばし頭の後ろで曲げ、右手で左の手首を軽く持つ。

②

脇腹を意識しながらゆっくりと上体を右に伸ばす。この時に息は止めない。

③

右側も同様におこなう。
20秒ずつ5セットおこなう。

体の中も夏仕度を！

梅雨が明けると気温は一気に上昇し、夏本番となります。暑くなれば人間は汗をかきますが、前頁でお話しした通り、この時に準備ができていないと、体は汗を出してくれません。汗をかくということは、体内の温度を一定に保つということ。つまり汗をかかないと体内温度は急上昇し、発熱の他にめまいや吐き気、頭痛を引き起こし、重症となると意識障害にまで陥ります。これが熱中症です。

熱中症にならないためには汗腺の働きを活発にする必要があります。暑いと感じたときにすぐ汗をかける体にしておかないと、体内に熱が篭もり、熱中症を引き起こしてしまうからです。

日頃のストレッチ運動は体を徐々に慣らすものとして紹介しましたが、夏の暑さに体を慣らすために最も効果的で早くでき

るのは、暑いところでの運動です。

30℃以上の気温の中で2時間程度の運動を3日間続けると、体が汗を出す体制が整い始めます。それを1週間続けられれば夏の暑さにほぼ100％対応する体を作ることができますが、これは運動に慣れていないと苦痛を感じるほどの運動量ですので、運動に不安を感じる人は、前頁の運動と併せて軽いジョギングやウォーキングを一日約30分、一日置きのペースで行うと良いでしょう。これを1ヶ月続ければ体の夏仕度は完了です。

もちろん無理は禁物です。運動は朝夕の日差しが弱い時に開始し、自分のペースで、できる範囲で行いましょう。

この運動の中でも水分補給と塩分補給はしっかりと行って下さい。汗をかくことで体内のイオン成分を大量に放出します。この失った分を摂取することで、新たな汗をかくことができます。今まで汗をかいていたのにぴたりと止まってしまったら要注意。脱水症状を引き起こす可能性がありますので、一刻も早くスポーツドリンクなどで水分・塩分を補給して下さい。

タヒチアンの暑さ対策

シャルバーグ八千代

南太平洋の真ん中に浮かぶ島々、タヒチ。ここの暑さ対策？　といっても、１年中暑い熱帯気候。冬の最低気温が 18℃にでもなったら寒くて大騒ぎ。だからみんな 30℃前後の暑さなんて当たり前だと思っている。

日本では数年前からクールビズという言葉で男性のノーネクタイが奨励されているが、タヒチじゃそんなの当たり前。たとえ大統領だって、フランス本国へ行くときはネクタイとスーツでも、タヒチの議会へ出るときはアロハ風の開襟シャツに綿ズボン。普通の人にいたっては、お硬い銀行員でも半ズボンにＴシャツでＯＫ。女性はどんな席でもタンクトップもショーツ姿も当たり前。日本同様湿気があって暑いうえ、電気代が高い。一般的に冷房は観光客関連施設以外はあまり入っていない。だから必然的にこういう服装になる。

タヒチ島以外の小さな島に行くと、実にのんびりした暮らしをしている。暑い午後、日本人だったら近所にプールや海があれば泳ぎに行きたくなるだろうが、ここではラグーンと呼ばれるさんご礁に囲まれた遠浅の海へ、泳ぎにではなく体をつけに行くのだ。だいたい家の前、という場合が多いが、水着に着替えることもなくジャブジャブと入って、座ってのんびり水平線を眺めるだけ。なんとなく温泉に通じるものがある。ただし体を温めるのではなく、ここではゆっくり全身を冷やすのが目的。服を着たまま入るのは、強い日差しから肌を守る意味があるのだ。

第二章

涼しくなるための環境を整えよう！

風通しの良い快適な空間を作る

エアコンなしで夏の暑さを乗り切るには、部屋の風通しは最も重要です。

しかしながら、窓の配置によってはうまく風が通らない場合もあるでしょう。理想としては対面となっている窓を開け、風が吹き抜けるようにすることですが、窓が一つしかない部屋ではそれもうまくいきません。

その場合は扉を開けて風の通り道を確保するのが一番なのですが、次に問題となってくるのは害虫の侵入と見通しです。特に玄関の扉をそのまま開け放すのは、家の中が丸見えになるため昼間でも避けたいものです。虫の侵入を防ぐだけならば玄関用の網戸を設置するという手段もありますが、目隠しも兼ねたいならば、入口にすだれを掛けると良いでしょう。

古都・京都の京町屋では部屋の衣替えにあたる「建具替え」というものを夏が来る前に行います。

部屋の中の襖を御簾に、障子も紙ではなく植物の葦《あし》を用いた「よしど」へと替えて、風通しを良くします。間口が狭く奥行きがあることで「うなぎの寝床」とも呼ばれる京町屋の家ではこうして風の通り道を増やしています。

庇の下にはよしずを置き、来客がある場合はその少し前によしずに水を掛けます。こうすることで部屋に入ってくる空気に涼しさを与えると同時に、よしずに掛けられた水の雫で視覚的にも涼しさを演出することができるのです。

一般家庭ではさすがに玄関の扉をよしどに替えるわけにはいきませんが、その利点を真似ることはできます。

ただ、すだれには網戸ほどの目の細かさはないので、そのままでは害虫が入り込む可能性があります。これを防ぐにはすだれの表面に虫除けスプレーやハッカ油を水で薄めたものを吹き掛けてみましょう。ただの網戸よりも風情がある目隠しができますよ。

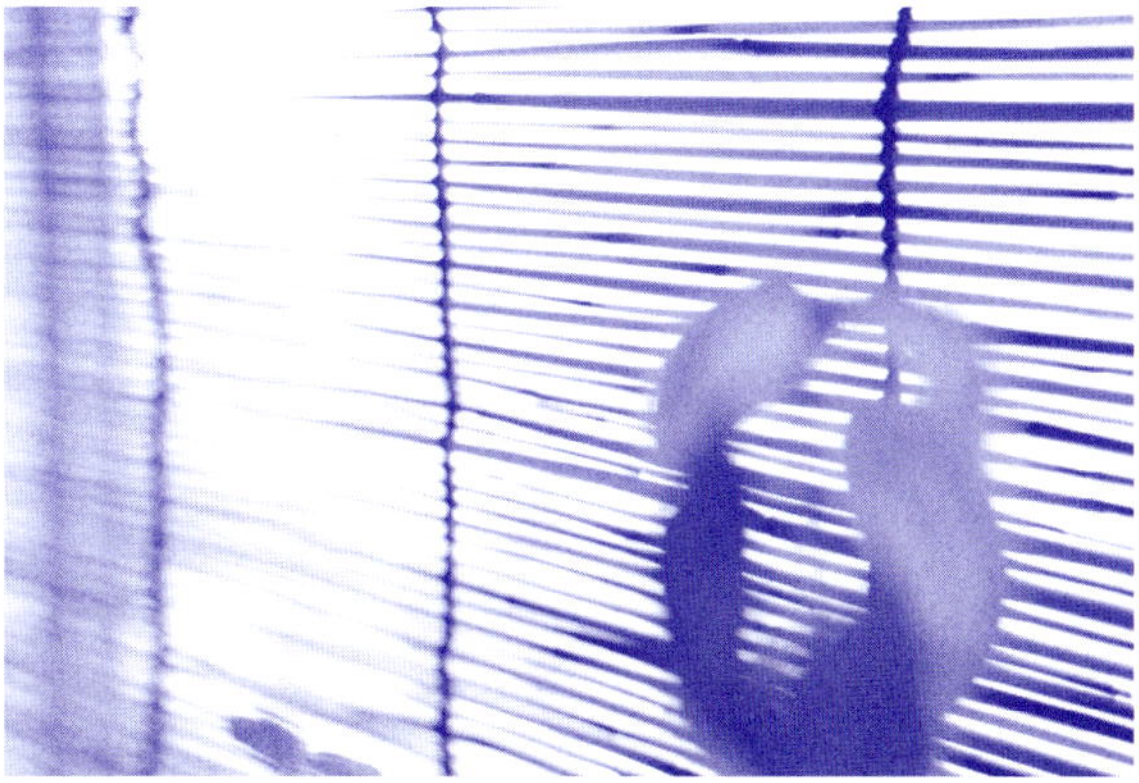

風を通すテクニック

室内で過ごす場合、空気の動かない部屋ほど暑く感じる場所はありません。

日中、部屋に人がいるのであれば、風が部屋中を巡るようにしましょう。

この際注意するのは窓や扉の開け方。風は、一つの通り道はうまく巡ってくれません。

可能であれば対角線上になるように2カ所の出入り口を開けておきます。そうすれば風は部屋を抜け、篭った空気を外に出してくれると同時に気流で涼しさを運んでくれます。

窓が一つしかない部屋では扉を開けて、家全体で換気ができるようにします。

この時、大きなポイントが一つ。部屋のクロゼット・押入・

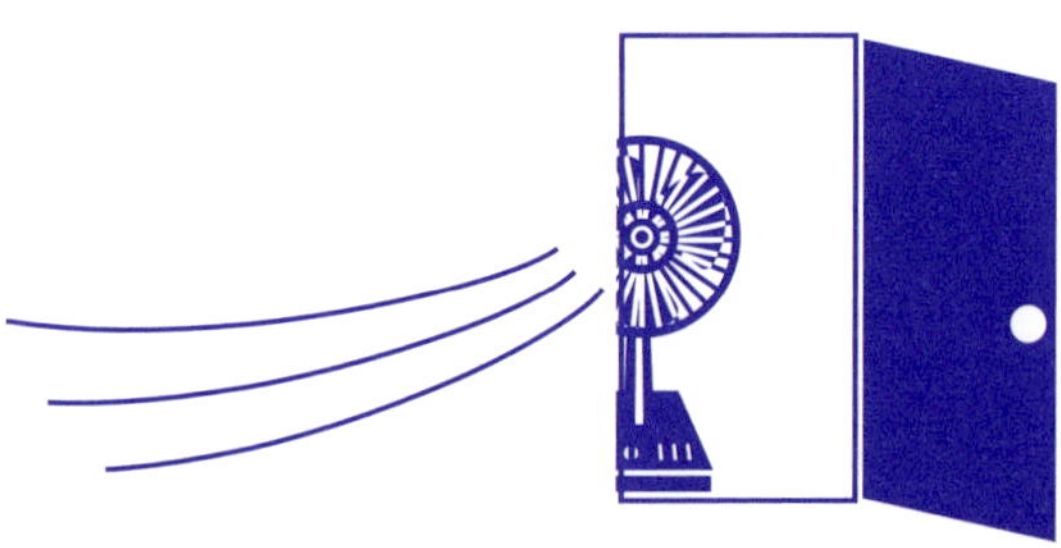

天袋なども扉を開けて、中の空気を入れ換えて下さい。

この収納空間に溜まった空気が、実は部屋が涼しくならない原因であったりもするのです。

部屋の中のあらゆる空間を開け放つことで、空気が入れ替わっていない場所がないようにします。全ての空間を同じ温度に保ちましょう。

また、風が弱い日は窓に向けて扇風機を掛けると、部屋の空気の入れ替わりを促してくれます。これは扇風機を部屋の外に向けることで部屋の空気が外へ押し出される形となり、室内の気圧が下がることから起きる現象。気圧が下がった分、外の空気が室内に流れ込んでくるため、空気の流れが生じるのです。コツは扇風機を当てる窓をあまり大きく開けないこと。目安としては15㎝くらいがいいでしょう。

江戸の知恵に学ぶ
打ち水

江戸の町でもさかんに行われていた『打ち水』。

そもそも打ち水という行為は、暑さを抑えるためのものではありません。道や玄関先に水をまくことで埃がたたないようにし、なおかつ家の回りを清めるという意味で行われていました。元々、茶道の世界で「お客様を迎えるにあたっての準備・魔よけ」の意味で行われた打ち水。ここ最近では涼を得るために行われることが多いようです。

とはいうものの、打ち水もただ水を適当にまけば良いというわけではありません。水をまく時間・方法をしっかり守らないと、余計暑苦しくなることさえあるのです。

まず、水は昼間のカンカン照りの時にまいても効果はありません。水はすぐに蒸発し、さらに湿気が増すだけです。

水をまく時間帯は朝や夕方の太陽が低い位置にある時です。朝はまだ地面が暖まる前ですので、水をまくことでコンクリートが吸収する熱を低くすることができます。また、夕方では日中に暖まったコンクリートを冷やすことができるので、放射熱を抑えることができるのです。

最近では企業や大学、ＮＰＯ法人が事前に告知して、決められた日時に一斉に打ち水をするという試みも行われています。「打ち水大作戦」「打ち水夏の陣」などと銘打たれたこの企画では、各団体がインターネットやメールマガジンを通じて参加を呼びかけ、参加者各々が身近なところで同時刻に打ち水を行っています。

国土交通省でも毎年8月1日から7日までを「水の週間」とし、平成21年からは「水の週間一斉打ち水大作戦」を開催して話題を呼んでいます。

１平方メートルあたり１ℓの水をまくことで、気温は２～2.5℃下がるという研究結果を打ち出している打ち水効果。朝夕の習慣として取り入れてみてはいかがでしょうか。

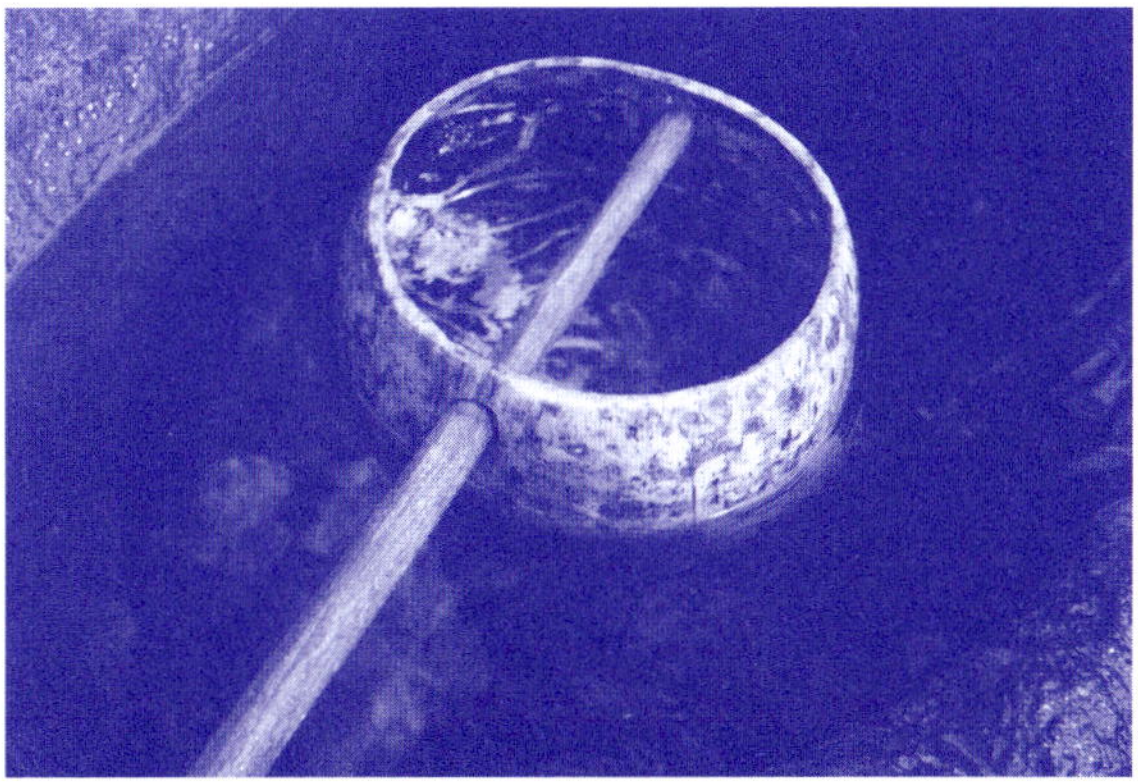

ペットボトル氷の有効利用

夏に最も電力を消費するものといえば、エアコン。

しかし、真夏の暑さの中でエアコンを使えないのは非常につらいですよね。

扇風機で風を送るにしても、日本独特の湿気を含んだ熱風が部屋を駆けめぐるだけ……。

こんな時は扇風機だけではなく氷を併せて使ってみることにしましょう。

空いたペットボトルに8分目ほど水を入れて、電力消費が少ない夜のうちに冷凍庫へ。

そして、日中暑くなってきたら、そのペットボトルを扇風機の前に置くだけです。

扇風機がペットボトルの冷気を流してくれることで、ただ風

を送るより涼を得ることができます。

　扇風機自体も消費電力が低く、エアコンをつけるよりも断然お得。

　ただし凍らせたペットボトルをそのまま床へ置くと、溶けた水滴でびしょ濡れになってしまいます。ペットボトルの下に皿やお盆を敷いて使用して下さい。

　オフィスで仕事をする人は、５００㎖ペットボトルをオフィスの冷凍庫で冷やして氷にしておけば、いつでも快適に仕事ができるでしょう。

　この時も水濡れ防止にハンドタオルを巻き、輪ゴムで止めて使用しましょう。

　ペットボトルもさまざまな大きさ、形があるので用途に合わせて使い分けても楽しいですね。

日光を部屋に入れない

夏の日差しは屋外だけではなく、部屋の中にいてもその強さを感じます。

特に南向きや西向きの窓がある部屋は、明るさは抜群ですが、同時に気温上昇率も抜群です。

日が当たる時間が長ければ長いほど、室内温度は上がります。ということは極論ではありますが、日光が室温上昇の原因の一つであるならば、それを部屋に入れなければ良いのです。かといって、終日締め切った部屋で過ごせという意味ではありません。

これは日中に出掛ける際におすすめの方法です。

使用していない部屋・日中入る予定のない部屋は、雨戸を閉

めて日光を遮りましょう。

　雨戸がない場所ではカーテンだけでも効果があります。もちろん遮光精の高いカーテンならばより効果は期待できます。

　一度直射日光で部屋全体が暖まってしまうと、今度は冷やすのにとても時間が掛かります。また、帰宅後すぐにエアコンをつけたとしても、直射日光が当たっていた部屋では日中暖まった分時間が大幅に掛かります。

　逆に直射日光が入らないように雨戸やカーテンを閉めて出た部屋は、壁や床が熱を持っておらず、室内温度もさほど上がってはいません。そのため、風を通すとすぐに涼しく感じられるようになるのです。

窓に日光を当てない

「直射日光を部屋に入れなければ室温が上がらないのは分かるけれど、部屋にいるときに雨戸を閉めたままにするのはちょっと……」

これは誰しもが抵抗を感じる点だと思われます。そんな場合は窓に直射日光を当てない方法を考えましょう。

そこで活躍するのが『すだれ』と『よしず』。昔ながらの涼の取り方です。

すだれ・よしずはプラスチックなどの新しい素材のものもあるようですが、主にすだれは竹を、よしずは葦を使用して作られています。最近では外国産の材料を使用していることが多く、驚くほど安価なものもあるようです。

すだれは窓に吊して使用し、よしずは庇に立て掛ける形で使

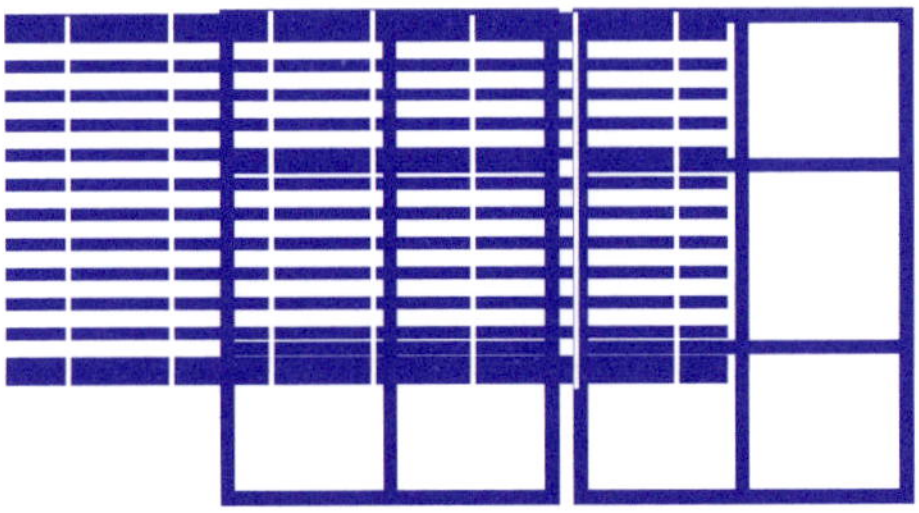

用します。

レースのカーテンよりも窓から距離を置いて使用するため、風の通りが良く、さらには目隠し効果も高いのが特徴です。昼間であれば室内から外は良く見えますが、外から室内はほとんど見えないほど、すだれ・よしずの目隠し効果は高いのです。

賢い使い方としては、風がほど良く通る時は、すだれ・よしずの表面に水を掛けておくというもの。室内を通る風が水滴によって冷やされるため、ただ風を通すよりも涼しく感じます。

いずれも基本は窓の外側に掛けるため、ほど良い日陰と共に風の通り道も確保できる優れ物ですが、特によしずに関しては使用する場所によっては大きすぎて立て掛けられないなどの問題も出てくる可能性があります。必ず使用する場所のサイズを測ってからどちらを使用するかを考えるようにしましょう。

緑のカーテン

数年ほど前から見直されているのが、この緑のカーテン。植物を育てることで日陰をつくり、直射日光を部屋に当てないという効果をもたらします。基本的にはカーテンやすだれ・よしずと同じものです。

ただ、植物を使用するので、見た目も涼しく、部屋の雰囲気を壊さないという点は非常に評価できます。

そして、カーテンやすだれでは表面に溜め込んだ熱を放射するしかないところを、気化して発散できるという点は植物ならではの利点です。

ただし、緑のカーテンを作るには時間と手間が掛かります。植物を種または苗から育てる必要があるからです。

日陰を作りたい窓の外にプランターを置き、そこに園芸用

ネットを垂らします。一戸建てのお宅なら二階から、集合住宅の場合は庇から垂らすなどの工夫をして、緑のカーテンを作りたい窓を覆えるようにネットを設置しましょう。

植える植物は、つる性の一年草が向いています。アサガオ・ニガウリ・ヘチマなどは緑のカーテンの定番と言われています。特にニガウリは実がなったら食用とすることもできるので、一石二鳥の植物と言えます。

また、植物によって成長の速さや枯れる時期がまちまちです。数種類の植物を上手に配置して、最も暑い時期にうまく緑のカーテンを作れるように育ててみると良いでしょう。

効果のほどは数字にも表れます。緑のカーテンを作った部屋と作らない部屋とでは、平均1.7℃、最大で3.8℃もの室温の差が出ました。

朝夕の水やりなどの世話の面で手間は掛かりますが、見た目にも涼しい緑のカーテンは経済的・情操的にもおすすめしたい方法です。

■プランターの大きさは 20 リットル程度のもの
■苗は 30 センチほど離して植えつける
■支柱、ネットは風で倒れないようしっかり固定する
■カーテンを広く作りたい場合はプランターを並べて作る
■水は頻繁にあげる、特に真夏は朝夕の 2 回必要

窓の素材を替える

エコガラスというものをご存知でしょうか。

正式には「Low-E 複層ガラス」。非常に難しい名前が付いていますが、このエコガラスは板ガラス製造会社３社が製造する高性能のガラスなのです。

複層という言葉どおり、エコガラスは何枚ものガラスを重ね、その間に特殊な金属膜をコーティングすることで、断熱性と遮熱性を格段にアップさせたもの。ガラスから入る熱を防ぐため、暑い夏も室温を快適に保ってくれるのです。

太陽熱であれば、普通のガラスが10％ほどしかカットできないのに対してエコガラスは20～50％のカット率を誇ります。また、日中は普通のガラスと比べてその周囲で４℃ほどの気温差が出ます。

さらに、エアコンを切った後、普通のガラスなら15分もすれば外気の暖かさで室内温度の上昇が始まるのに対してエコガラスは1時間以上もの間、エアコンを切った直後の温度を保ちます。つまり、エアコンをつけるとしても少ない時間で済むため、電力も抑えられるということです。

価格は安くはありませんが、夏だけではなく冬の結露防止や保温効果も期待でき、年間通して節電対策ができるため、損はない商品であるといえるでしょう。

エコガラスを取り扱っているのは次の3社。それぞれに特徴のあるエコガラスを取り扱っていますので夏本番となる前にガラス替えを視野に入れた節電対策を練ってみましょう。

- セントラル硝子株式会社　「サンバランス」シリーズなど5種類
- 旭硝子株式会社　「ペアレックス」シリーズなど7種類
- 日本板硝子株式会社　「ペアマルチ」シリーズや「スペーシア」シリーズなど10種類

窓を断熱仕様に替える

エコガラスはさすがに高価で手が出ない……という人には、今ある窓ガラスに断熱材を貼るという方法をおすすめします。

手軽さと低価格が売りの貼る断熱材はフィルム状になっていて、ドライヤーやマスキングシートを使って貼り付けるものや水を利用するものなど、種類によってさまざまです。また、夏用の他に冬用やUVカット仕様のものなど効果もいろいろあるので、購入する時点で良く確認するようにしましょう。

ホームセンターなどで取り扱っており、1000円ほどで購入できるため手軽ではありますが、貼るガラスによってはガラスと断熱材との温度差でヒビが入る「熱割れ」という現象を引き起こすため、まず施工できるかどうかを良く確認してから購入しましょう。ワイヤー入りのガラスやペアガラスは特に注意

が必要です。

また、施工代はかかりますが、この断熱材貼りを専門業者に頼むこともできます。代金は平均2万円ほど。ガラスの種類も調べて最適な施工をしてもらえるので自分で行うよりも効果が望めそうです。

最近、オフィスなどでは窓の外にコーティング剤を吹きかける方法が取られているようです。

このコーティング剤も紫外線・赤外線を大幅にカットする効果があり、室内温度の上昇を防いでくれます。こちらも種類はさまざまではありますが、10年ほどは効果が持つようで、何よりも熱割れの心配がないことやフィルムのように室内を暗くしないのが特徴といえます。

一口に断熱材を貼ると言っても、方法は多種多様。どの部屋にどんな施工をするのかを考えて、その場所に最適な方法を選んでみて下さい。

室内に緑を置く

さんさんと日光の照りつける屋外で、木陰に入ると涼しく感じたことはありませんか？

これは、日陰であるという理由の他に、「蒸散作用」という現象が樹の近くに働いているからなのです。

蒸散作用とは、樹木の葉から水分が発散する作用のこと。水分が空気中に発散されることで水分は水蒸気に変わり、その際に周囲の熱を奪う気化熱作用が起こり、周囲の空気が冷やされます。

さらに、暖かい空気と、蒸散・気化熱作用で冷やされた冷たい空気が混ざり合うことで発生する気流の流れで、風が生まれます。これが木陰で清涼感を得られる理由です。

植物による蒸散作用と気化熱作用は、室内でも発生します。このためただ窓を開けておくよりも、植物を置いた部屋の方が体感温度は低く感じるのです。

また、植物には空気を清浄にする働きもあります。葉の気孔から汚れた空気を取り込んだ植物は、その汚れの30％を葉で吸収します。残りの70％は根まで行き渡り、土の中の微生物が汚れを分解・清浄化します。光合成と植物の呼吸とで、シックハウス症候群の原因ともなる有毒ガスでさえも除去できるのです。

置いておく植物は一般的な観葉植物で問題ありませんが、サボテンなど不向きな植物もあります。葉が大きく茂る植物の方が蒸散作用が活発に起こりやすくおすすめです。特に清浄効果のある植物としてはベンジャミンやサンスベリアなどが挙げられます。

植物を育てるのが初めての人は、ポトスやパキラなど、手入れの簡単なものを選ぶと良いでしょう。

照明電球を替える

節電グッズの一つとして注目されているのが、ＬＥＤ電球を使用した電球です。

一見照明と暑さ対策は関係ないように思われますが、実は大いに関係があります。

それは、明かりを発する際に生まれる熱量についての関係です。

従来の白熱灯とＬＥＤ電球では、その電球自体に滞留してしまう熱の量がかなり違うのです。

ここで白熱灯とＬＥＤ電球の、点灯時における滞留熱の差を見てみましょう。

白熱灯では２分間電球を点けていると約80℃、５分で95℃、10分では１００℃以上の熱が滞留してしまいます。

これに対してＬＥＤ電球は5分間で約30℃、10分間で約35℃、15分以上経過しても金属部分が若干熱を持つ程度に抑えられています。

電球に滞留する熱はそのまま空気を暖めるため、白熱灯よりもＬＥＤの方が部屋の空気を上昇させない、というのもうなずける話です。

また、電力消費率に関しても、ＬＥＤ電球は白熱灯に比べて約85％も抑えることができます。

ＬＥＤ電球は白熱灯に比べると高価ではありますが、使用期間の長さや消費電力を考えると、最終的にコストが抑えられることになります。

可能であれば今使用している白熱灯もなるべく早くＬＥＤに切り替えて、熱もコストも抑えて賢く部屋の温度上昇を防ぎましょう。

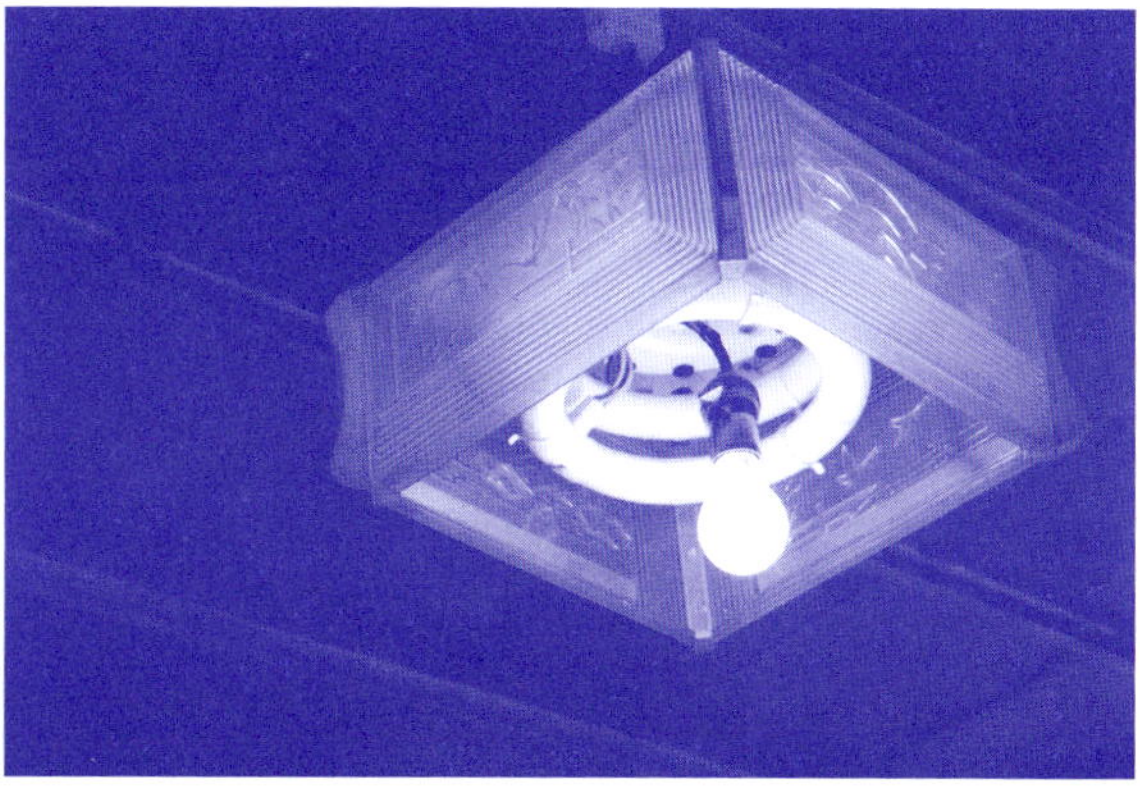

フランス流・夏の楽しみ方

シャルバーグ八千代

フランスと日本の夏で何が違うかといえば、それは「湿気」だろう。日本に滞在しているフランス人が、たいてい最初の夏に体調を崩すのは「湿気」のせい。暑さプラス高い湿度に体が対応できないからだ。よって夏でも乾燥しているフランスは、暑さに対して日本とはまったく違う感覚を持っている。

フランスの冬は長くて暗い。だから人々は夏の明るい太陽が大好きだ。暑くて文句を言う人はほとんどいない。日も長く、夏至の前後ともなれば23時過ぎまで薄明るいので、戸外で食事をすることも多い。

最近、といっても1970年代以降の家はそうもいかないが、ゆうに200年ぐらいはたっている古い石造りの家は石壁が１メートル近くもある。冬は一度家の中を暖めてしまえばなかなか冷えないし、反対に夏は簡単に外の熱が内側まで入ってこない。だから夏は家の中のほうがずっと涼しい。時に涼し過ぎて、外は半袖、家の中では長袖なんてこともあるほど。

といっても日中の暑さはかなりきつい。だからどこの家、特に新しい普通の家では、日中に強い日差しが入る南側の窓のブラインドを閉めきってしまう。湿気がないので強い直射日光をさえぎるだけで、けっこう冷房を効かせているように涼しくいられるからだ。日本では考えられないが、戸外でも日陰に入ればスーッと汗が引くほど涼しい。

また7、8月はバカンスの季節。仕事を忘れて短く暑い夏を楽しむ。これがフランス流だ。

第三章

今日から実践エコ涼生活

インテリアを替える

真夏の室内でエアコンを使わずに涼しく過ごすためには、どうすれば良いのか……ここまでのお話を総合して考えてみましょう。

まず、視覚です。見た目だけで体感温度が変わる例を前項でもいくつか紹介しました。

インテリアは赤・黒系の色合いは見ただけで暑さを感じさせるだけではなく、重苦しさも与えます。また、実際に熱を吸収しやすい色であるため、部屋の中に熱が篭りやすくなってしまいます。

そのため、日中の太陽熱を日没後も溜めこみ風を通しても室内の気温はなかなか下がりません。

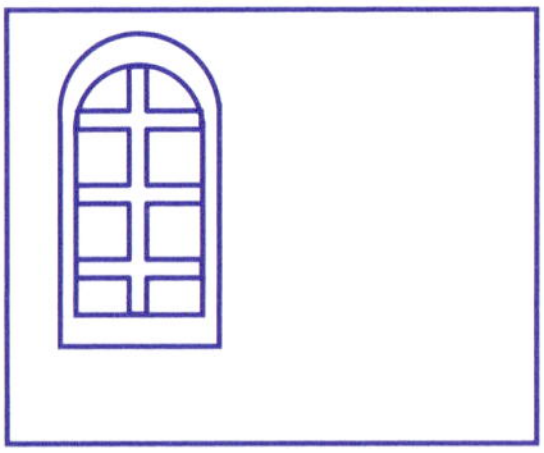

室内の色合いは、光を反射し熱を溜め込まない白や、水をイメージさせる青が適しています。この室内の色の違いだけで体感温度はマイナス3℃違ってきます。特に青は薄い水色ではなく、原色の青……チューブ絵の具での「あお」に近い色を選びましょう。

ソファーなどの肌に触れる家具は素材に気を配りましょう。革製品などは見た目の重厚さとその使用感でさらに暑苦しさを与えてしまいます。かと言って、夏用・冬用と季節ごとに家具の買い替えをすることはできません。

そんな時は、木綿や麻、ガーゼ素材など熱を溜め込みづらく、汗の吸収率の良い布で覆ってしまいます。同じように、布団やベッド、クッションなども夏用の素材へ替えましょう。

絨毯や毛足の長いラグも当然NG。竹素材のラグやゴザや籐の敷物を敷くことで、見た目も足触りもさわやかになります。簡易タイプの畳も使い勝手が良いのでぜひ試してみて下さい。

ベッドやソファーは窓から離すか、窓と垂直に配置すると、

直射日光を受ける割合が減り、日中の熱を溜め込む率が下がります。

窓にはカーテンだけよりもすだれやよしずを利用した方が風は通りやすくなります。さらに効果が高いのは緑のカーテンです。葉の表面から水分を発生させる蒸散作用とそれによる気化熱作用とで、植物が周囲の気温を下げてくれます。

同じ理由で室内に観葉植物も配置しましょう。

窓に掛けるカーテンやすだれにハッカ油を希釈したものを吹きかければ、虫除け効果も期待できます。

金魚鉢など水を利用したインテリアは視覚的にも涼しさを与えてくれます。

聴覚を楽しませるものとしては風鈴が挙げられるでしょう。

この風鈴、うちわのように風を送ってくれるわけでもなく、すだれのように日光を遮ってくれるわけでもありません。窓辺

にぶら下がり、ただ風にゆれてチリ～ンと鳴るだけ。

その音に私たちが落ち着きを感じ、癒されるのは、「1／fゆらぎ」というものが風鈴の音の中に存在しているからです。

1／fゆらぎとは、規則正しい音と、ランダムで規則性がない音との中間にある音のことで、人間の脳に働きかけ、ヒーリング効果を与えるものであると言われています。

自然界の音に多く存在し、せせらぎの音や小鳥のさえずりなどにもこの1／fゆらぎは含まれています。それらと同じ癒しの効果を風鈴の音は持っているというわけです。

ゴザや畳、すだれ、金魚鉢、風鈴……もうお気付きでしょうか。実は日本の昔ながらのインテリアこそが暑い夏を乗り切るための最良のものなのです。

これを期に古き良き日本の夏を思い出してみませんか。

日中を家で楽に過ごす

涼しく過ごすための住まい環境は前項目でしっかりと整いました。

次は、自分を含めた人の環境を整えてゆきましょう。

日中、家の中で上手に涼しく過ごすには『タイムスケジュール』が重要です。ここで家事について見てみましょう。

朝、家族の世話をして送り出し、一落ち着きする頃には、もう昼食の準備。お昼の片付けが済んだら、お洗濯にお掃除に……と、追われるように時間が過ぎてゆきます。

この中でも特に暑さを感じる作業がいくつかあります。例えば炊事。コンロで火を扱うことが多いため、炊事中の台所は非常に暑くなります。実はキッチンは熱中症の温床とも言われるほど、熱を篭もらせてしまう場所なのです。

確かに火の元がある上、鍋などを使えば水蒸気が上がり、湿度が急上昇します。炊事中は喉の渇きを感じても、水分補給もままならないことでしょう。これらはまさに熱中症を起こしやすい状況そのものです。

特に昼食の時間帯が最も危険です。昼食を家で作るとした場合、炊事の時間は午前11時頃、後片付けの時間は午後1時過ぎといったところでしょうか。

この時間は日差しも強くなり、一日のうちで最も暑い時間帯となります。できるだけこの時間帯はキッチンの使用を避けた方が良いでしょう。

とは言うものの、昼食をとらないわけにはいきません。夏の暑さに負けないためにも朝昼晩の食事はしっかりと食べたいものです。

そこでおすすめしたいのは朝の時間帯です。早朝であれば外気は涼しく、キッチンの気温もさほど上昇していません。昼食の準備・後片付けの時間帯に比べれば熱中症の危険は少ないと考えられます。

朝食を作る際、一緒に昼食の準備もできれば、昼食の際に大幅な時間短縮が望めます。つまりキッチンに立つ時間を減らすことができるのです。

もし家族のお弁当を作るのであれば、この時一緒に自分のお弁当も作ってしまいましょう。お弁当があるならお昼の時間帯にキッチンを使わずに済みます。お弁当には保冷材を使用して、暑さによる食品の傷みや食中毒を防ぐための対策を忘れずに。

掃除や洗濯などの家事も、午前中の涼しい時間帯に終わらせておきましょう。そのためには通常よりも早く起きる必要が出てきます。いわゆる「サマータイム」の導入です。

早く起きる分睡眠時間が削られることになりますが、それを補うのが午後の気温が最も上がる時間帯です。

通常のタイムスケジュールでは家事を行っているはずの時間帯ですが、起床を前倒しにしている分、ここで昼寝の時間を取ります。これはスペインで行われる「シエスタ」によく似ています。シエスタは、午後の一番暑い時間帯は働かず、昼寝をし

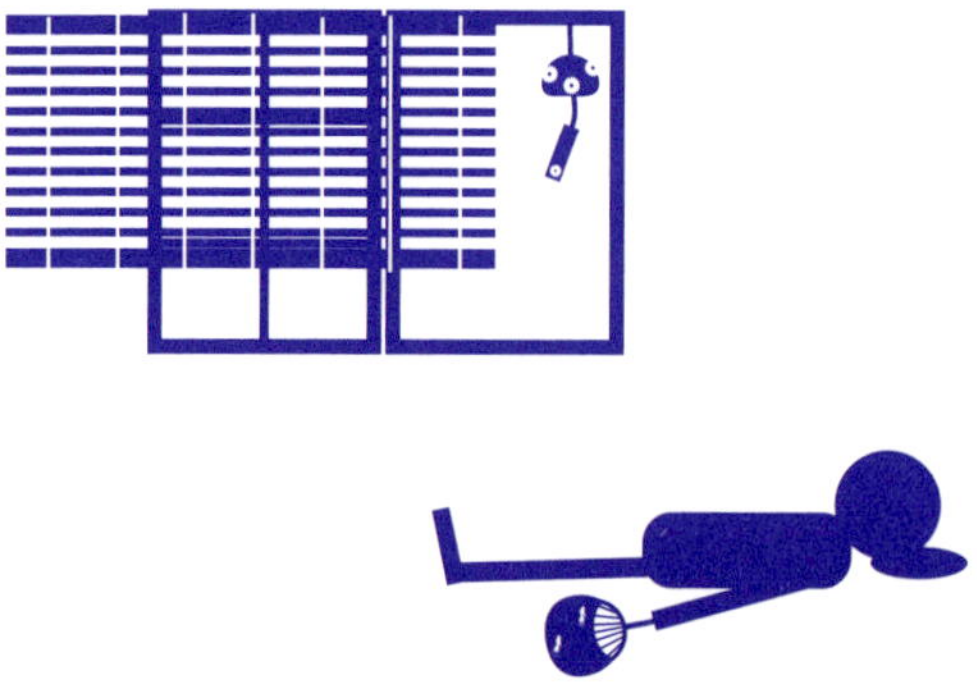

て体力の回復に努めるために行われます。ここで休むことで夕方に掛けての時間を有効に使おうというものです。

この昼寝の時間を気持ち良く過ごすために、まず汗で湿った衣服を着替えてさっぱりしましょう。この時軽くシャワーを浴びたり行水するとさらに心地良さがアップします。手軽に濡れタオルで体を拭くだけでも良いでしょう。冷蔵庫で濡れタオルを冷やしておくと、気持ち良さは倍増します。

新しい服に着替えたら、風通しの良い日陰の場所で30分~3時間ほどの昼寝をします。下にゴザなどの湿気を逃す素材を敷くと良いでしょう。

このシエスタは、3時間以上行うと深い眠りに落ちてしまうため、その後動くことが辛くなってしまいます。必ず時間を区切って行うようにしましょう。

サマータイム・昼食時の時間短縮・シエスタ……この3つが自宅での暑さ対策に挙げられます。自宅で過ごすことが多い人は、正午過ぎの気温の上昇に気をつけて生活するよう心掛けてください。

外出対策

できれば炎天下の中、外に出たくはない……とは言うものの、生活の中で、屋根のある場所ばかりにはいられません。ならば、いかに外出時に暑さをしのぐかが問題です。まずは出かける前のチェックを行いましょう。

服装はゆったりとしたもので、風を通し、汗の乾きやすい白系の色合いの服であるかどうか。日焼け対策からか、夏場に長袖の黒い服装の女性を見かけますが、これは熱を吸収するものの発散できないので、日本の夏に向いた服装とは言えません。

日傘や帽子も重要なアイテムです。これらのアイテムを使い、頭部に照りつける直射日光を防ぐことが大切となります。この他、水につけると冷たさを持続できる冷却商品もあります。

汗拭きシートなどを常に鞄に入れている人も増えましたが、

ここは是非オリジナルの汗拭きタオルを持ち歩きましょう。

作り方は簡単。水でしぼったタオルを密閉ファスナー付きのビニール袋に入れ冷蔵庫で冷やしておきます。さらに外出時にはその中に冷やしておいた保冷材を入れてそのまま鞄へ。いつでも冷たい濡れタオルで汗を拭くことができます。

熱中症対策として、水筒やペットボトル、塩分を含んだ飴や梅干しを持ち歩くことも大切です。

帰宅時は、つい冷たいビールとエアコンへ手が伸びがちですが、ここでもう一仕事。窓を開け、扇風機で部屋の空気を追い出します。空気を入れ換えている間に、汗を含んだ服を脱ぎ捨ててバスルームへ。肌の表面に付いた汗をぬるま湯で流し、バスタブに溜めておいた水に足を浸して一落ち着きしましょう。

さらに体にスプレーボトルを吹きかけて扇風機をかければ気化熱でぐっと涼しくなります。

もしエアコンを使うにしても、帰宅時そのままスイッチを入れるよりも一手間掛けてから入れれば、短時間で効率良く、しかも満足できる温度に室内を冷やすことができます。

熱帯夜を乗り切るために

エアコンを駆使しても寝苦しく辛い日本の夏。節電を視野に入れ、寝る際にエアコンを使わないとなると、どのように過ごせば良いでしょうか。

まずは眠る場所の環境作りから始めてみましょう。

日中、日光にさらされた部屋は日が落ちても壁や窓ガラス、寝具などに熱を溜めてしまっています。このため就寝の2時間前には部屋に風を通し、溜まった熱を取り除いておく必要があります。

風のない時は窓を開け、反対側のドアから部屋の外に向けて扇風機で風を送ります。

寝具の素材にも気を配りましょう。熱帯夜を乗り切るためのアイテムとしてさまざまな専用寝具が発売されていますが、中

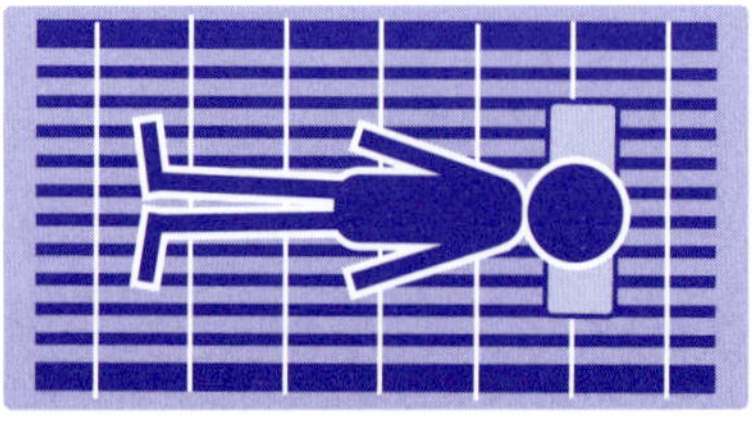

でも口コミで評判を得ているのが竹を用いたシーツやゴザを、木綿などの吸水性の高い布シーツの下に敷く方法です。

この方法はシーツ自体が冷たい訳ではありませんが、通気性が良く、熱を逃がしてくれるため、布団に熱を溜め込みにくくなるのです。

また、アイスノン・アイス枕などに代表される、ジェル系の保冷枕も重宝しますが、頭を冷やしすぎると頭痛の元になりますので、タオルや手拭いを巻いて使用して下さい。

この時、枕を巻くタオル類に水で希釈したハッカ油を吹きかけておくと、アロマ効果で清涼感が得られます。しかも夏の天敵である蚊を遠ざける虫除けとしても効果を発揮してくれるので一石二鳥。

もちろん就寝時の空気の動きもしっかり制御しなければなりません。

熱帯夜の寝苦しい原因の一つが、肌にまとわりつく暑い空気。この空気が暑く感じる一番の原因が「無風状態」なのです。

同じ湿度、同じ温度でも空気の流れがある場合、苦痛になる

ほどの暑さは感じません。

ここで活躍するのはもちろん扇風機です。

この扇風機、ついつい自分に向けて風を送りたくなりますが、この場合は壁に向けて首を振りながら使用するのが正解。

これは、部屋全体の空気を動かすだけではなく、実は体のためでもあるのです。

前頁で何度かお話しした汗による気化熱作用の話は、もちろん寝ている間にも起こっています。

一見涼しくて良さそうに見えますが、起床時に比べて睡眠時の人間の体は、自分自身の体の変化に鈍感になります。このため、気化熱作用で体温がどんどんと奪われていったとしてもなかなか気付くことができないのです。

これが原因で皮膚の表面温度が冷えすぎ、思わぬところで筋肉のけいれんや心臓に大きな負担が起こることもあります。体に風が当たる状態で扇風機を使用する場合は、必ず羽部分の首を振り、同じ場所に風が当たり続けないようにして下さい。

また、窓を開けて眠ることに抵抗を持つエアコン派の人の中では、防犯を意識して窓を開けていないという意見も多く聞かれます。

最近ではこれらの意見を受け、窓を軽く開けた状態でロックできる鍵や、踏みしめるとザラザラと大きな音が出る庭砂利など、防犯グッズも多数販売されています。ホームセンターや大手スーパーでは節電対策と共に特設コーナーを組んで積極的に販売していることが多い商品ですので、お店で相談してみてはいかがでしょうか？

オフィスでの暑さ対策

働く環境は人それぞれ……業種によっても変わりますが、企業側がどのように暑さ対策に取り組んでいるかによっても大きく変わります。このため、一個人ではどうにもならない問題も多いのが、会社での暑さ対策です。

企業側もサマータイム制度にスーパークールビズなど、さまざまな努力を行っています。そんな中で、自分にできるオフィスでの暑さ対策とはどんなことでしょうか。

例えば、社内で許された範囲の服装に「ネクタイをしなくても良い」というものがあります。ネクタイがあると首元のボタンまでしっかり閉めなくてはなりませんが、ネクタイがないならボタンを見苦しくない程度に緩めることができるようになります。首元から風が通るようになれば、背中や胸元にかいた汗

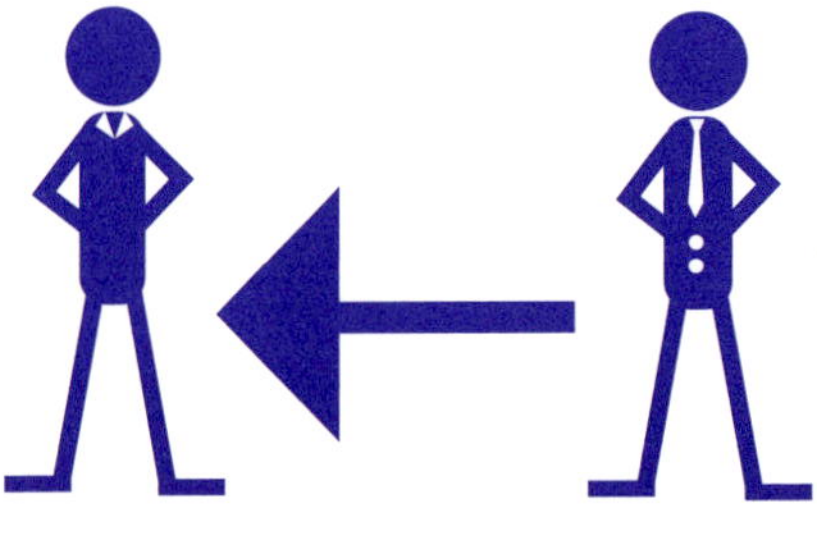

を冷やすことができるため、気化熱作用で涼しくなります。

また、服飾関係の企業も、猛暑と節電を見込んで、通風性・速乾性に優れた布地の開発に取り組んでいます。

既に新商品も多数発売されていますので、自分の環境に合った一着を見つけてみましょう。

オフィス内で自由に使える冷蔵庫があるなら、是非用意しておきたいのがペットボトル氷です。これは飲み終わった５００㎖ペットボトルに水を入れておくだけでできるアイテムです。

水の量はペットボトルの破裂を避けるため、８分目くらいのところまでにしておきます。細めのデザインのものや四角いデザインのものは、キーボードを打つ際に手首の下に入れて血管を冷やすと同時に簡易リストレストとしても利用できます。これらも直接肌に利用すると冷えすぎてしまうので、ハンドタオルなどで包んで使用しましょう。こうすることで水滴をデスクに落とさないようにすることもできます。

　このペットボトル氷に加えて、パソコンのＵＳＢポートに繋いで使用するミニ扇風機をデスクに置けば、風の涼しさは倍増

します。扇風機の羽根の前にペットボトル氷を置くと、その冷たさを風が運んでくれるようになるからです。

ここで、ペットボトルは下にコースターやタオルを敷きましょう。ペットボトルに結露した空気中の水分がデスクをびしょびしょにしてしまう可能性があります。

熱の籠もった足には土踏まずに冷却シートがおすすめ。ジェルタイプの肌触りが歩行の邪魔になる場合は、サロンパスなどの炎症を抑えるタイプの湿布を試してみてはいかがでしょうか。好きな大きさにカットして使え、剥がれにくい作りになっているものが多いので歩行の邪魔になりません。ただ、湿布類は肌荒れを引き起こすこともありますので、肌の弱い人はご注意ください。

冷却シートは先に冷蔵庫で冷やしておくとさらに効果を発揮します。ただし冷凍庫に入れてしまうとジェルが劣化して使えなくなってしまいますのであくまで冷蔵庫を使用して下さい。

第四章

猛暑に負けないために

水分補給をしっかりと行う

夏は汗をかくことによって大量の水分が体から失われます。水分が失われると体が変調をきたし、めまいや吐き気、頭痛といった症状を引き起こします。これが脱水症状というものです。

体内の水分のうち３％が失われるとこれらの症状は現れ、10％にもなると入院の必要が出てきます。さらに進めば血液がどろどろになって血管が詰まり、心筋梗塞・脳梗塞といった命の危険に陥る病気を起こしてしまいます。

成人が一日に必要な水分量は、体重１kgに対して50mlといわれています。体重が60kgの人は、３ℓの水が必要ということです。

ただし、この水には食物から摂取できる分と、人間が体内で生成できる分も含まれています。この分を差し引くと、一日に

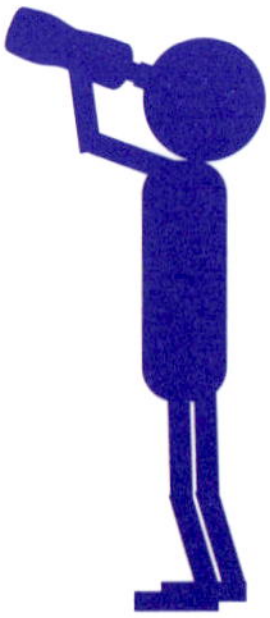

飲むべき水分は夏場は約2～2.5ℓほどだと言われています。

飲むタイミングとしては、運動の前、途中、後や入浴の前後、起床時、就寝前、そして食事の邪魔にならない時などで、喉の渇きに気が付いた時はいつでも積極的に摂取してください。

水分は一回で大量に飲んでも意味がありません。一回につきコップ一杯程度をゆっくりと時間を掛けて飲みましょう。

普段からあまり水分を摂らない人はこの時期は特に危険です。自ら注意して意識的に水分を摂取するよう心掛けてください。

ジュースやコーラなどの清涼飲料水や炭酸飲料ばかり飲んでいる人も同様です。これらの飲み物は糖分が多く含まれているため一日に2ℓも飲んでしまったら糖分過多となり、別の病気を引き起こします。また、アルコールは水分といっても体に吸収されない上、利尿作用があるため飲んでも水分補給になりません。水分補給にアルコールを用いるのは絶対に避けて下さい。

水分と共に失われる電解質

汗として排出されるものは水分だけではありません。ナトリウムやカリウムなどの電解質も一緒に排出されます。

電解質は体の恒常性を維持するために体液の調整を行う働きをしていますが、これらが失われると調整がうまく行かず、脱水症状や熱中症を引き起こします。

このため、汗をかいたら水分だけを補給するのではなく、塩分やミネラルも補給して、体内のバランスを整えておきましょう。

これらを同時に摂取できるのがスポーツドリンクです。

スポーツドリンクの中には電解質の他にマグネシウムやカルシウムといったミネラル成分、疲労回復に効くブドウ糖などが含まれており、体液に近い浸透圧で内臓に負担を掛けないよう

塩

に配慮されています。このため普通の水を飲むよりも吸収が早く、なおかつ必要な成分も一緒に摂取できることが最大の利点でもあります。

また、熱中症患者の急増を受けて、近年ではキャンディーから手軽に電解質を摂取できる商品も販売されています。

これらのキャンディーは口に含むと若干の塩辛さと甘みを感じますが、レモン風味などで食べやすくなっていますので、鞄の中に数個ほど入れておけば、暑さによる疲れを感じた時にすぐに塩分補給をすることができます。

外出先で常にスポーツドリンクを持ち歩くことに抵抗を感じる人は、自分の体に合った飲み物と共にこれらのキャンディーで塩分補給を図って下さい。

熱中症を知ろう

毎年夏に数多くの患者を出し、死亡者も年々増える一方の熱中症。この症状は、本当ならばある程度一定に保たれるべき体温が、調整できずに体内に熱が篭ってしまう状態を言います。

熱中症は４つの症状に大きく分類されます。

頭痛・めまい・けいれんを引き起こす「熱疲労」は脱水症状と急激な血圧の低下によっておこる症状です。

塩分不足が原因の「熱けいれん」は腹部・足・腕の筋肉の痛みとけいれんが起こります。

末端の血管が広がり血圧が下がることでめまいや意識障害をもたらす「熱失神」は直射日光の野外や高温多湿の屋内で起こりやすくなります。

体が熱を放射できずに溜め込んでしまう「熱射病」では発汗

が止まり、意識障害・高体温・脈拍の増加・言動の乱れといった兆候が見られます。

症状の原因はそれぞれ違いますので、万が一熱中症になってしまったら、自分の症状は何によって引き起こされているかを的確に判断する必要があります。

また、軽度から重度に渡る三段階のランク分けで、今自分があるいは発症した人がどの状態にあるのかを知ることができます。

下の表はそれぞれの度合いによる症状を示していますので、熱中症というものをよく理解しておきましょう。

熱中症は長く放っておくと命の危険まであるものです。早めに症状に気付き、すぐに対処できるよう心掛けましょう。

熱中症の程度	症　状
軽度	唇のしびれ。多量の発汗。めまい。異様に顔が紅潮している。手足、腹部の痛みとけいれん
中度	吐き気と嘔吐。めまい、頭痛。血圧低下。失神。顔色が悪い
重度	過呼吸、意識障害。ショック症状。おかしな言動もしくは行動。発汗がない。

熱中症予防のために

熱中症にならないようにするためには、当たり前のことですが熱中症になりそうな行動をしないということが大前提です。例えば、寝不足や体調不良の時に炎天下での作業をしないとか、通気性が悪く、熱を取り込みやすい素材や色合いの服を着ない、といったことがそれに当たります。

中にはトイレに何度も行くことを避けるため、わざと水分摂取を控える人もいるようですが、この時期にその行動は自殺行為以外の何物でもありません。夏場は体の水分は多く失われてゆきます。常に水筒やペットボトルなどで飲み物を持ち歩き、いつでも水分補給ができる状態にしておきましょう。

服装についても、素材・色合いの選び方で熱中症を予防することができます。近頃話題に上っているスーパークールビズは、

ノーネクタイ・ノージャケットを推奨し、薄手のシャツやチノパンなどに着替え、足元はサンダルを履くよう薦めています。お仕事をしている人はスーツを着ないことに抵抗を感じるようですが、熱中症予防にはこれらの服装は最適といえます。

素材は綿や麻など汗を吸うもので、体に余裕を持たせたデザインのものが適しています。色は黒や紺などの濃い色合いではなく、熱を反射する白系の色が良いでしょう。足元も熱を逃しやすいようにサンダルを。ただし、ゴム素材を使用するビーチサンダルは逆に熱を溜め込んでしまうため適しません。

屋外では夏の午後3時頃が熱中症になる確率が高いと言われています。外出する際は帽子や日傘を忘れずに持ち、できるだけ日陰となる場所を歩くようにしましょう。暑さを感じ始めたら首に濡れタオルを巻くのも有効です。

熱中症は普通の病気とは違い、心掛け一つで予防することができます。特に高齢者や乳幼児は自分で症状に気付けない場合が多いので周囲が注意し、重症にならないよう気を配ってあげましょう。

熱中症の応急処置

　万が一熱中症にかかってしまったら、これ以上悪化させないよう早急に処置をする必要があります。

　まず日なたにいる場合は日陰に入って横になり、ベルトやボタンなど、衣服をできるだけ緩めます。

　横になったら足を頭よりも高くして休んでください。

　吐き気がある場合は嘔吐した際に気管を詰まらせないようにするため、必ず顔を横に向けます。

　氷や冷却材などでわきの下・首の後ろ・足の付け根など、太い血管がある場所を冷やします。

　冷却材がない場合や体内に熱を溜め込んでしまう熱射病の症状が強い時には体に水を掛けて風を送り、気化熱作用による冷却効果を狙います。

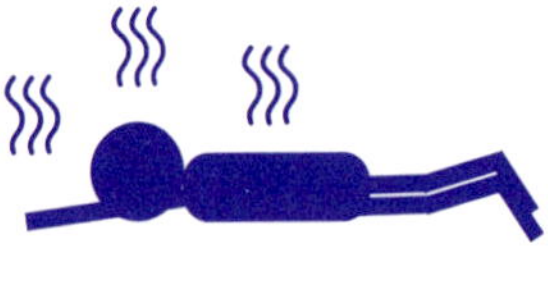

吐き気が少ない場合は水分と塩分を補給します。ただ、水のみでは吸収率が下がるため、コップ一杯の水に塩を一つまみと、その5倍の砂糖を入れた水が補給に適しています。

この時意識がないようでしたら無理に水分を摂らせないでください。

意識障害や言動や行動に不可解な点がある場合はすぐに救急車を呼びましょう。中度の場合であっても症状が落ち着いたら医療機関へ行って医師の診察を受けてください。

熱中症は悪化すると入院や、最悪の場合は死に至る恐ろしい症状です。もし熱中症になってしまったら、正しい知識で素早く対処することが、悪化させない一番の手段なのです。

コラムニスト

●シャルバーグ八千代●

1954年、東京生まれ。80年代より旅行ジャーナリストとして南太平洋、ギリシャを中心にガイドブック、雑誌記事など編集執筆。91年海外旅行専門の編集プロダクション設立。95年にフランス人と結婚し、タヒチで暮らす。2000年にフランス北西のブルターニュ地方に移る。現在主婦業のかたわら、日本との仕事を継続しつつフランスでの田舎生活を通して発信できるものを模索中。

http://blog.livedoor.jp/yachiyo_s/

イラストレーター

●あずまかおる●

日本児童教育専門学校絵本科卒。児童館の児童厚生員を経て、東京都「おおた文化の森」にて「子ども絵画教室」を開講、好評を博す。講談社、キングレコードなどのイラスト、絵本カットで活躍。主な作品は「介護がラクになる魔法の言葉」(大誠社)、「ひとつだねパンづくり」「自分を磨くマナー術完全奥義」「へんな婚活」(以上北辰堂出版)のイラストなど多数。

http://evergreen.sunnyday.jp

●嶽 春来（たけ はるき）●

1972年、東京生まれ。フリーライターおよびエコロジカルアドバイザー。ガーデニングを通じて数々のエコ対策に取り組み、「植物の力で猛暑を乗り切れ！」をテーマに、緑のカーテンやハーブを使った暑さ対策を各地に広めている。手がけた書籍は「帰宅難民なう。（北辰堂出版）」はじめ、歴史系・旅行系の記事など多数。

節電しながら猛暑を乗り切る！

エコ涼生活

2011年7月5日　初版発行

著者/嶽 春来

発行者/小出千春

発行所/北辰堂出版株式会社

〒162-0801 東京都新宿区山吹町364 SYビル

tel.03-3269-8131　fax.03-3269-8140

http://www.hokushindo.com

印刷製本/勇進印刷株式会社

定価はカバーに表記。

ISBN:978-4-86427-036-6

絶賛発売中!!

帰宅難民なう。 難民A 著

この書籍の売上げの一部を日本赤十字社を通じて被災地へ寄付いたします。

突然の災害……あなたはその時どうしますか？3月11日に都内での被災を元に、帰宅困難時に実際必要だった物、やっておくべき事、やってはいけない事など実際の体験を踏まえて解説するエッセイ書籍。ポイントページにて「持っていて役にたった物、たたなかった物」、「電車の中で地震になった時の対処法」など、災害に遭った際に役立つ情報や事前の準備等も多岐にわたって掲載。震災後の今だからこそ、冷静に振り返り今後の教訓として生かすことが出来る、今本当に必要な一冊。

四六判 並製 定価1470円(税込)

重版出来！

結果を出し続けるチームは会議で何を話し合っているか

宇井克己 著

どの企業でも社員のやる気が問われる中、従来通りの古くさい会議では企業全体の業績UPは望めないと断言しても、おそらく過言ではない。百年に一度と言われるこの経済危機の中で、それでも業績を伸ばし続けている企業はいくつもある。ちょっとした工夫と心がけで、チームは劇的に変化することを伝えたい。会議を見直すことがチーム力を上げるための一番の方法と、その実例もふんだんに盛り込んだ本書。

四六判 並製 定価1470円(税込)

Dr.KUMIKAのいただきますダイエット

KUMIKA 著

食べ方を理解すればいっぱい食べても痩せるんです！薬を使わない薬剤師・Dr.KUMIKAが教える誰でも簡単ダイエットシステム！編集部員が3ヶ月で5.5kgの減量を成功させ、男女・年令関係なく有効なこのダイエット法。あなたも薄着になる前に「楽やせ体験」してみませんか？「食べる」という点にスポットを当て、体の構造や消化の仕組みを理解しながら食事を行うことで体のスリムアップを狙う、制限や苦痛を伴わない楽々ダイエット法をご紹介致します。

A5判/並製/定価:1365円(税込)